HUILERIE BRETONNE

SITUÉE A RENNES (département d'Ille-et-Vilaine).

SOCIÉTÉ

HERPE, COTARD & CIE

AU CAPITAL SOCIAL DE DEUX MILLIONS,

DIVISÉ EN 4,000 ACTIONS DE 500 FRANCS.

RAPPORT

de M. COTARD, lieutenant-colonel d'artillerie en retraite,

ancien élève de l'École Polythecnique, ex-directeur de l'Arsenal de Rennes,

SUR L'OPPORTUNITÉ D'UNE GRANDE HUILERIE A RENNES.

RENNES, OBERTHUR, RUE IMPÉRIALE, 8.

Maison à Paris, rue des Blancs-Manteaux, 35.

1863.

HUILERIE BRETONNE

SITUÉE A RENNES (département d'Ille-et-Vilaine).

SOCIÉTÉ

HERPE, COTARD & CIE

AU CAPITAL SOCIAL DE DEUX MILLIONS,

DIVISÉ EN 4,000 ACTIONS DE 500 FRANCS.

RAPPORT

de **M. COTARD**, lieutenant-colonel d'artillerie en retraite,

ancien élève de l'École Polytechnique, ex-directeur de l'Arsenal de Rennes,

SUR L'OPPORTUNITÉ D'UNE GRANDE HUILERIE A RENNES.

QUESTION COMMERCIALE.

La pensée de créer à Rennes un établissement pour la fabrication de l'huile de colza et de lin, sur une grande échelle, est une conséquence si naturelle de la situation agricole du département d'Ille-et-Vilaine qu'on a lieu de s'étonner qu'on ne s'en soit pas avisé plus tôt.

RESSOURCES AGRICOLES.

Ce département, en effet, récolte annuellement pour dix à douze millions de francs de graine de colza, et principalement dans les marais de Dol, qu'une immersion séculaire a enrichis pour longtemps des engrais de mer.

CONSOMMATIONS LOCALES.

Les registres de l'octroi de la ville de Rennes seule accusent déjà une consommation annuelle d'huile évaluée à un million et demi, de sorte que toute la région comprise entre Le Mans et Brest doit en consommer pour plusieurs millions par année.

INCONVÉNIENT DES HUILERIES LOINTAINES.

Il semblerait, d'après ce simple rapprochement, que ce pays dût être couvert de pressoirs d'huile; il est loin d'en être là. Depuis la Sarthe jusqu'à la pointe du Finistère, il n'existe que trois petites usines qui ensemble ne fabriquent pas annuellement pour plus de 600,000 fr. d'huile de colza.

La conséquence d'une si déplorable situation, c'est que toute cette contrée, qui (*comme on peut s'en assurer dans le tableau A placé à la fin de ce rapport*) présente une superficie de plus de trois mille lieues carrées et une population de plus de quatre millions d'habitants, se voit, par la force des choses, tributaire des usines de la Normandie et de la Flandre, qui se partagent cette opulente récolte, et font payer les frais de cet enlèvement au pays qu'elles ont dépouillé, en lui renvoyant l'huile confectionnée à grands frais.

Cette dépendance place la Bretagne, sous le rapport de ses intérêts bien compris, dans une infériorité relative, qu'il est facile d'apprécier par un chiffre incontestable; en effet :

Il faut 300 kilog. de graines pour la production de 100 kilog. d'huile; le consommateur breton ne pourra donc obtenir 100 kilog. d'huile qu'à la condition de subir les frais de transport de 300 kilog. de graines de Saint-Malo à Caen, ou à Dunkerque d'abord, et ensuite le port d'une barrique d'huile de l'usine de Caen ou de Lille jusqu'à Rennes.

Or, si l'on s'en tient à la plus rapprochée de ces deux villes, les frais de transport de 300 kilog. de graines de Saint-Malo à Caen se calculent ainsi :

Commission d'achat, à 1 fr. les 0/0 kilog	3	»
Chargement à bord du navire, à 5 c. des 0/0 kilog.	»	15
Transport à 13 fr. de la tonne de St-Malo à Caen.	3	90
Déchargement à l'arrivée, à 5 c. des 0/0 kilog...	»	15
Courtage à l'arrivée, à 5 c. des 0/0 kilog........	»	15
Assurance, chapeau du capitaine, etc..........	»	15
TOTAL........................	7f	50
Transport de 100 kilog. d'huile de Caen à Rennes.	4	»
MONTANT TOTAL des frais......	11f	50

Le directeur d'une huilerie bretonne à Rennes, placé à quelques heures de la contrée productive, effectue lui-même ses achats, sans intermédiaires, ce qui lui assure le choix de la marchandise, tout en l'affranchissant des frais de commission ; il fait d'ailleurs d'une pierre deux coups, en procédant lui-même aux pesées de réception, au moment même du déchargement qui se fait alors par les cultivateurs, avec l'aide seulement de deux hommes de l'usine, et comme l'établissement projeté à Rennes est situé au bord du canal qui joint Saint-Malo à l'Océan, le déchargement se fait à l'usine même, à l'aide des tire-sacs mécaniques qu'elle possède.

Les frais pour l'Huilerie Bretonne se réduiront donc comme suit :

Chargement à bord du bateau (pour deux hommes déplacés de l'usine)	»f 06
Transport de 300 kilog. de graines de Saint-Malo à Rennes, à 3 fr. la tonne...........................	1 05
TOTAL...........	1f 11

La différence en faveur de l'Usine Bretonne, et à la charge des usines de Normandie et de la Flandre, est donc de 10 fr. 39.

Il est à remarquer que ce chiffre, qui repose sur des usages et des tarifs établis, est indépendant des cours de la marchandise, et restera invariable quoi qu'il arrive; il est d'ailleurs de la dernière évidence que le chemin de fer de Rennes à Saint-Malo, qui doit prochainement être livré à la circulation, ne pourra modifier ce chiffre qu'en faveur de l'Usine Bretonne, en donnant une facilité de plus aux relations entre ces deux places.

Pour comprendre toute l'importance de cette prime de 10 fr. 39, qu'aurait l'Usine Bretonne sur les établissements rivaux, il suffit de dire que, pour la fabrication annuelle de vingt-cinq mille barriques d'huile de cette usine, cette prime représenterait un avantage de 259,750 fr., bien suffisant pour permettre de lutter avec avantage contre ces concurrences lointaines.

AVANTAGE D'UNE HUILERIE A RENNES.

Cet avantage, d'une position exceptionnelle, qui consiste à placer l'Huilerie Bretonne, à la fois, au foyer même de la production des matières premières, et au centre de la consommation, avec la certitude d'opposer aux concurrences éloignées la barrière infranchissable d'une prime de 8 fr. 65 p. 0/0, cet avantage assuré avait, il y a quatre ans, fixé l'attention d'un jeune industriel, M. Félix Herpe, ancien élève de l'Ecole des arts et métiers d'Angers, et qui rentrait dans son pays après avoir exercé ses aptitudes dans les grands établissements de MM. Cail, Flaud et Voruz. M. Herpe n'hésita pas, et avec des ressources restreintes, il s'empressa de monter une huilerie, proportionnellement modeste ; ce qu'il avait prévu ne tarda pas à se manifester, et malgré les relations établies depuis longues années entre le commerce local et les producteurs de la Normandie, les commandes furent si multipliées et si instantes, qu'il se vit contraint, dans quatre années de travaux, de doubler, tripler et quadrupler successivement ses moyens d'action.

PRÉFÉRENCES DE LA CLIENTÈLE.

Cette épreuve infaillible mit au jour une autre prime, plus précieuse encore que la précédente, et qui est et sera toujours l'apanage d'une industrie qui sait se placer à portée des matières premières et de la clientèle. Cette prime, c'est la préférence assurée du consommateur pour un produit qui se fabrique sous sa main; car, en même temps que ce rapprochement facilite les relations et dispense des soucis de commandes et expéditions lointaines, il est aussi une garantie certaine de la pureté des produits.

Aussi qu'arriva-t-il? c'est que les relations de M. Herpe s'étendirent bientôt sur toute la contrée.

DÉBOUCHÉ.

Ce résultat, qu'il avait prévu, ne tarda pas à le convaincre qu'il était loin de satisfaire à toute l'étendue des besoins locaux, puisque tous ses efforts, et l'appui de quelques spéculateurs complaisants, ne lui permettaient pas de réaliser pour plus de 200,000 fr. de produits, à peine la huitième partie des besoins de la place, et moins de la seizième partie des commandes multipliées qui rayonnaient sur lui de tous les centres commerciaux du pays.

Une expérience de quatre années l'avait mis en relations avec les cultivateurs de colza d'une part et une clientèle très-étendue de l'autre; il connaissait donc les ressources considérables des premiers et les besoins non moins importants des seconds. Il savait aussi que la position qu'il s'était faite le mettait à l'abri de toute concurrence étrangère, puisqu'il pouvait opposer, aux cours de cette concurrence, une baisse de 8 fr. 65 p. 0/0, en conservant ses avantages, et que les préférences locales lui étaient assurées.

D'un côté, il avait donc sous la main des ressources énormes en matières premières, de l'autre un débouché d'une étendue qui dépassait ses espérances, et qui lui était pour ainsi dire inféodé par la force même des faits.

La conséquence d'un pareil état de choses saute aux yeux; c'est que l'on peut avec assurance élever à Rennes une grande fabrication, qui satisfasse à la production d'au moins 25,000 quintaux d'huile par année, qui répond à peu près au tiers de la production des graines de colza du pays et des besoins de la consommation de cette grande contrée dont nous avons parlé plus haut, et que le succès d'une pareille entreprise est trois fois certain.

NÉCESSITÉ D'UN GRAND CAPITAL.

S'il était possible, dans cette industrie, de renouveler son capital tous les mois et d'y travailler toute l'année, on pourrait, jusqu'à un certain point, approcher de ce chiffre de fabrication avec des ressources relativement restreintes; mais il n'en est pas ainsi; c'est une industrie d'un régime particulier, que l'on ne pourrait violer sans mécompte. Ainsi, l'une des plus indispensables conditions du succès, c'est de réaliser les approvisionnements de graines par des achats directs avec le cultivateur, sans attendre que le commerce s'en soit emparé. Or, le cultivateur qui fait sa récolte en juillet ne la garde pas dans ses greniers au-delà du 1er novembre. Le fabricant d'huile, qui a la conscience de ses intérêts et du danger qu'il courrait à se mettre à la merci du commerce, n'a donc que trois mois pour se pourvoir.

Pour fabriquer 25,000 quintaux d'huile de colza, il faut 75,000 quintaux de graines, à 40 fr. le quintal, soit 3,000,000 de francs. On verra plus loin qu'avec un fonds de roulement de 1,500,000 fr. et des appareils capables de convertir pour 500,000 fr. de graines par mois, il est facile de réaliser 25,000 quintaux d'huile par exercice. D'ailleurs, la période de fabrication de l'huile de colza, qui commence le 1er août, ne s'étend pas au-delà du mois de mars suivant, ce qui fait sept mois de travail.

Il suit de ce qui précède que, pour un établissement de l'importance de celui dont il s'agit, il faut un fonds de roulement disponible de 1,500,000 fr. et des engins capables de satisfaire à la conversion de 500,000 fr. de graines par mois. Une usine de cette puissance exigerait, comme on le verra dans la suite de ce rapport, pour 500,000 fr. environ de frais de premier établissement et autres; c'est donc un capital de 2,000,000 de francs qu'il s'agit d'assurer. Eh bien! il n'y a que l'association qui puisse réaliser un pareil capital! Aussi, est-ce à l'association que nous faisons appel, en mettant loyalement à découvert tous les détails de la gestion d'une telle entreprise, et dans l'espoir que l'on comprendra tout ce que cet établissement a d'avenir.

L'établissement, tel que M. Herpe l'a monté, et qui est de force à donner un chiffre annuel d'affaires de 400,000 fr., avait inspiré l'idée d'ouvrir une commandite au capital de 500,000 fr.; mais, d'après les considérations précédentes, on ne tarda pas à s'apercevoir de l'insuffisance d'une production aussi restreinte, comparativement à l'importance des besoins de la contrée à servir. L'on regarda alors comme non avenues les démarches commencées, bien qu'une partie notable de la souscription fût en voie de se couvrir; et l'on s'est décidé à demander au capital social de deux millions, réparti entre quatre mille actions de 500 fr. chacune, le moyen de répondre aux exigences locales et de tirer parti de l'heureuse situation où l'on se trouve.

Il existe un autre motif, puisé dans la nature même de cette industrie, qui nous a inspiré la pensée d'avoir recours à l'association; c'est qu'en matière d'huilerie, les frais généraux sont loin de croître proportionnellement à l'augmentation du chiffre de la production. Les grands établissements bonifient d'un taux pour cent supérieur à celui qu'obtiennent les usines plus modestes; ainsi il serait facile de prouver qu'un établissement donné, qui manœuvre avec un roulement de 100,000 fr., tandis qu'il serait de force à rouler avec 400,000 fr., ne réalisera qu'un bénéfice net de 15 p. 0/0 avec le premier fonds de roulement, tandis qu'il obtiendra 19 p. 0/0 avec le second. On devait s'y attendre, parce qu'il s'agit ici d'un établissement unique, et qu'il y a, à première vue, avantage de tirer d'une usine tout ce qu'elle peut donner; mais on verra bientôt que, tandis qu'un petit établissement donne tout au plus 15 à 20 p. 0/0 du capital engagé, un grand établissement donne dans les mêmes circonstances 25 à 30 p. 0/0. Il y avait donc un intérêt matériel à étendre et à développer l'établissement, indépendamment de ce que les circonstances locales indiquaient l'opportunité de cette mesure.

La puissance du débouché, qui s'est manifestée jusqu'à présent par la multiplicité des demandes locales, vient encore d'emprunter aux circonstances politiques une cause d'accroissement auquel l'industrie ne s'attendait guère. La généralité des habitants de la campagne, dans nos départements de l'Ouest, fait usage de la résine pour l'éclairage. La guerre civile de l'Amérique a supprimé les arrivages de cette substance, et le paysan, en désespoir de cause, s'est rejeté sur l'huile à brûler; aussi, depuis l'époque précitée, c'est par milliers que l'on expédie dans nos campagnes des petites lampes d'un certain modèle, qui ont révélé à leurs hôtes un éclairage bien supérieur à celui qu'ils ont quitté, d'une dépense très-modérée et qu'ils n'abandonneront plus, même au retour de la résine. Si l'on fait attention que malgré l'économie extrême de ce mode de combustion, la multitude des consommateurs de cet ordre en fera un objet d'un chiffre très-important, il y a lieu d'en tenir bon compte dans l'appréciation dont nous nous occupons ici.

Il est vrai qu'on a parlé de l'huile de pétrole comme devant faire une rude concurrence à l'huile de colza pour l'éclairage; a-t-on remarqué, surtout depuis quelque temps, qu'il ne se passe pas de semaine sans que les organes de la publicité ne donnent avis de quelques nouveaux sinistres dus à l'usage de cette huile minérale. Des mesures administratives, telles que celles qui ont été prises en Angleterre, ne tarderont probablement pas à en contrarier l'emploi et à diminuer l'effet de cette concurrence. D'un autre côté, l'huile de pétrole, qui peut être employée à l'éclairage, ne pourrait remplacer l'huile de colza dans d'autres emplois, tels que le graissage des machines, l'ensimage des étoffes en laine et les préparations culinaires, où le colza est apprécié dans certains pays, comme la Vendée, où l'on en fait une sérieuse consommation. Et puis, il est à remarquer qu'il y a place sur le marché pour l'huile de colza et pour l'huile de pétrole, sans que la consommation de l'une influe sur celle de l'autre, comme on peut s'en assurer d'après les situations actuelles du commerce de ces deux substances.

PLACEMENT DES TOURTEAUX. Nous avons vu que le débouché de l'huile est assuré; mais l'huile n'est pas le seul produit de la fabrication; il en est un second qui ne manque pas d'importance, puisqu'il représente, à lui seul, près d'un quart du rendement total; c'est le tourteau du colza, produit résultant de la pression de la graine réduite en farine. Ce tourteau est à la fois un engrais de bestiaux et un engrais de terre, et surtout des terres à colza. Malheureusement, la Bretagne n'est pas encore initiée à ce double usage; mais la Flandre et l'Artois le pratiquent sur une grande échelle, et absorbent avec avidité ce détritus de la fabrication. Aujourd'hui, ces deux contrées prennent le tourteau de colza, sur place, à raison de 13 à 15 fr. les 100 kilogrammes. Le défaut d'usine à huile est l'unique cause de l'indifférence de la Bretagne pour cet engrais; mais il est permis d'espérer que les cultivateurs du pays ne laisseront pas échapper de leurs mains un engrais puissant, qui se produira à leur portée, lorsqu'un grand foyer de fabrication sera établi; et alors il sera naturel de faire un nouveau bénéfice, en augmentant le cours du tourteau de tout ou partie de la différence des frais de transport.

Toutefois, le débouché pour les tourteaux est aussi assuré que pour l'huile, et nous n'avons qu'à désirer un placement plus rapproché et par conséquent un peu plus avantageux que celui qui est actuellement à notre disposition.

PLACEMENT DES FÈCES.

Il existe encore un détritus de la fabrication, qui a beaucoup moins d'importance que le précédent, mais qui trouve un placement facile dans le commerce, et qui ne doit pas être dédaigné; ce sont les fèces, dépôt de lie qui reste au fond des cuves pendant l'épuration. Ces fèces sont livrées à raison de 15 fr. les 100 kilogrammes; elles sont employées dans la mégisserie et à la fabrication des savons mous de qualités inférieures. 100 kilogrammes d'huile épurée donnent lieu à 2 kilogrammes 7 de fèces propres à être livrées au commerce.

Pénétrons maintenant plus avant dans les détails de la question commerciale, et voyons quels sont les bénéfices qu'il est permis de réaliser, d'une manière certaine, dans une entreprise de ce genre.

ACQUISITION D'UN LOCAL AVANTAGEUX.

L'extension, imposée par les circonstances, et que nous avons donnée au chiffre du fonds social dans l'intérêt bien étudié de l'entreprise, entraînait comme conséquence un développement proportionnel des moyens d'action, immeuble et matériel. Cette question se trouve résolue avec un bonheur inespéré.

En effet, il existe sur la Vilaine, en aval de la ville de Rennes, une grande usine, appelée le Moulin-du-Comte, qui a été, il y a quelques années, la proie des flammes. Les bâtiments sont entourés d'un beau terrain de 1 hectare 1/2, qui confine d'un côté à une route impériale, et de l'autre au canal navigable de la Vilaine, qui joint l'Océan à la Manche, et dont un bief d'alimentation pour la roue hydraulique de l'usine baigne le pied des bâtiments.

L'établissement est d'ailleurs à 100 mètres du chemin de fer de Paris à Brest, et à moins d'un kilomètre de la place.

La chute d'eau, garnie d'un beau vannage et d'une magnifique roue de côté en fonte, est de la force de 40 à 45 chevaux dynamiques. Cet immeuble important vient d'être acquis sous condition par M. Herpe au prix de 66,000 fr. Rien n'est plus facile que d'y transporter le matériel de l'usine de M. Herpe et d'y joindre tous les appareils qui sont nécessaires pour une fabrication de 4,000,000 de produits. Dans la seconde partie de ce rapport, l'on expose tous les détails de cette installation.

Si cette usine se réalise, elle laissera bien loin derrière elle les concurrences de la Normandie, de la Flandre et de l'Anjou, qui ne pourront lutter contre elle qu'avec un désavantage incontesté de 18 fr. 65 p. 0/0, si ces concurrences utilisent les graines de Bretagne, et de 4 à 7 p. 0/0, dans le cas où elles ne convertiraient que des graines à leur portée. Elle n'aura pas besoin de se heurter contre ces concurrences lointaines, car elle sera située au centre d'une vaste contrée de plus de 3,000 lieues carrées *(voir le tableau A)*, qui lui offre un débouché triple de celui que réclameront ses produits.

Nous allons procéder actuellement au rendement de l'usine.

Le tableau B donne le devis des immeubles, terrains et constructions.

Le tableau C expose dans le plus grand détail les frais du mobilier.

Le tableau D donne le montant détaillé des frais de manipulation.

FRAIS GÉNÉRAUX.

Main-d'œuvre (tableau D)........................	72,866f 50
6,132 tonneaux de charbon de terre pour machine à vapeur, à 30 fr. le tonneau	18,396 »
36,000 kilog. d'acide sulfurique pour épuration, à 15 fr. les 100 kilog	5,400 »
A reporter..........	96,662f 50

	Report........	96,662f 50
	25,000 barils à 3 fr. 50 l'un..................	87,500 »
	Cercles pour radoubs de barillage.............	2,500 »
	Amortissement décennal d'un mobilier de 159,655f	15,955 50
	Entretien de bâtiments.....................	750 75
	Contribution..............................	500 »
	Assurances pour les constructions et le mobilier.	1,000 »
	Frais de gérance..........................	20,000 »
	Commis aux écritures......................	3,000 »
	Frais de bureau...........................	1,200 »
	MONTANT GÉNÉRAL des frais généraux annuels.	229,068f 75
FONDS DE ROULEMENT.	Le capital social est de......................	2,000,000f »
	A déduire : Pour 100 actions inaliénables, représentant l'apport des directeurs pour leur industrie et leur responsabilité..........	50,000 »
	Reste comme produit de la souscription........	1,950,000f »
	A déduire : Pour achat de terrain. 70,000f » ; Pour constructions d'immeubles..... 262,979 » ; Pour le mobilier (déduction faite de 40,000 fr. représentés par 80 actions, pour une partie du mobilier apporté par le gérant)........... 127,021 »	460,000 »
	Reste comme fonds de roulement.............	1,490,000f »
	On conserve en caisse pour frais journaliers.....	6,000 »
	Reste disponible pour roulement..............	1,484,000f »

Le procédé le plus naturel, sans contredit, de déterminer avec assurance le bénéfice de chaque exercice, est de faire rouler le fonds disponible sur les cours successifs des marchandises pendant tous les mois de la période de fabrication, en tenant compte de toutes les dépenses et de toutes les recettes, de manière à mettre sous les yeux les détails les plus circonstanciés de la gestion.

ROULEMENT DE LA FABRICATION.

Nous allons opérer ainsi sur les trois exercices qui se sont écoulés depuis 1860 jusqu'à 1863 inclus, et l'on verra ce qu'aurait produit aux actionnaires l'établissement projeté, s'il avait fonctionné pendant cette période des trois derniers exercices.

Le tableau E donne les cours mensuels de la graine de colza, des tourteaux de colza et des fèces pendant ces trois périodes ; c'est à ce tableau que l'on empruntera les prix d'achat et de vente des marchandises dans les opérations qui vont suivre :

En juillet, on achète au comptant, livrables au 1er août, pour 1,484,000 fr. de graines de colza ; à 39 fr. 50 les 100 kilogrammes, on obtient 3,756,900 kilogrammes de graines, à convertir pendant les trois mois d'août, septembre et d'octobre, par tiers, savoir : 1,252,300 kilogrammes par mois.

ROULEMENT PENDANT L'EXERCICE 1860-1861.

Dans une fabrication bien conduite, on produit les chiffres suivants :

35 kilog. d'huile épurée pour 100 kilog. de graines de colza ;
63 — de tourteaux — de graines de colza ;
2 kilog. 7 de fèces acides — d'huile épurée.

Cela posé, voici les résultats des trois premiers mois de fabrication :

Août 1860.	438,305 kil. d'huile épurée, à 122 fr. les 0/0 kil., ci	534,732f 10
	788,949 kil. de tourteaux, à 13 fr. les 0/0 kil., ci	102,563 37
	11,834 kil. de fèces, à 15 fr. les 0/0 kil., ci	1,775 10
Septembre 1860.	438,305 kil. d'huile épurée, à 125 fr. les 0/0 kil., ci	547,881 25
	788,949 kil. de tourteaux, à 13 fr. les 0/0 kil., ci	102,563 37
	11,834 kil. de fèces, à 15 fr. les 0/0 kil., ci	1,775 10
Octobre 1860.	438,305 kil. d'huile épurée, à 123 fr. les 0/0 kil., ci	539,115 15
	788,949 kil. de tourteaux, à 13 fr. les 0/0 kil., ci	102,563 37
	11,834 kil. de fèces, à 15 fr. les 0/0 kil., ci	1,775 10
Montant des produits du premier achat de graines		1,934,743f 91
A déduire 1 1/2 p. 0/0, savoir :	1 p. 0/0 pour frais de commission. 1/2 p. 0/0 d'escompte pour les recouvrements.	29,021 16
Reste pour les rentrées du premier achat (fin d'octobre)		1,905,722f 75

En septembre et octobre, on procède à un deuxième achat, pour la même somme, de graines à livrer fin d'octobre. Les graines étant montées à 41 fr. les 0/0 kilogrammes, on obtient 3,619,500 kilogrammes de graines à convertir par tiers, savoir : 1,206,500 kilogrammes par mois; et comme il pourra arriver que la première fabrication n'ait pu s'effectuer et s'écouler qu'en novembre, il est prudent d'appliquer la deuxième fabrication aux mois de décembre, janvier et février.

Cela posé, voici ce que produira le deuxième achat de graines :

Décembre 1860.	422,275 kil. d'huile épurée, à 120 fr. les 0/0 kil., ci	506,730f »
	760,095 kil. de tourteaux, à 13 fr. les 0/0 kil., ci	98,812 35
	11,401 kil. de fèces, à 15 fr. les 0/0 kil., ci	1,710 15
Janvier 1861.	422,275 kil. d'huile épurée, à 120 fr. les 0/0 kil., ci	506,730 »
	760,095 kil. de tourteaux, à 13 fr. les 0/0 kil., ci	98,812 35
	11,401 kil. de fèces, à 15 fr. les 0/0 kil., ci	1,710 15
Février 1861.	422,275 kil. d'huile épurée, à 118 fr. les 0/0 kil., ci	498,264 50
	760,095 kil. de tourteaux, à 13 fr. les 0/0 kil., ci	98,812 35
	11,401 kil. de fèces, à 15 fr. les 0/0 kil., ci	1,710 15
Montant des produits du deuxième achat de graines		1,813,292f »
A déduire 1 1/2 p. 0/0 pour commission et escompte		27,199 38
Reste pour les rentrées du deuxième achat (fin février)		1,786,092f 62

RÉCAPITULATION.

Les rentrées fin d'octobre sont de..........	1,905,722f 75
A déduire le fonds de roulement pour le deuxième achat..........................	1,484,000 »
Reste en caisse..........	421,722f 75
A ajouter les rentrées (fin février)..........	1,786,092 62
Total..................	2,207,815f 37
A déduire les frais généraux..............	229,068 75
Reste..................	1,978,746f 62
A retrancher le fonds de roulement.........	1,484,000 »
Reste comme bénéfice net..........	494,746f 62

Le bénéfice net dans ce premier exercice se serait donc élevé à 24 fr. 73 p. 0/0 du fonds social de 2,000,000 fr.

RÉPARTITION.

Montant à répartir............................	494,746f 62
1° 5 p. 0/0 du fonds social à répartir entre les actionnaires..................................	100,000 »
2° 5 p. 0/0 du restant à partager pour indemnités d'encouragement..........................	19,737 33
3° 10 p. 0/0 du restant pour fonds de réserve..	39,474 66
4° 85 p. 0/0 du restant pour dividendes proportionnels..................................	335,534 63
Total égal.......	494,746f 62

Les actionnaires auraient donc perçu à la fin du premier exercice :

1° 5 p. 0/0 du montant des actions pour les intérêts du capital engagé ;

2° 16.73 p. 0/0 du même montant comme dividende proportionnel.

Le fonds de roulement se serait en même temps accru :

ROULEMENT SUR L'EXERCICE 1861-1862.

1° Du fonds de réserve	39,475f
2° De l'amortissement décennal du mobilier	15,965
TOTAL	55,440f

Le fonds de roulement pour le second exercice s'élèverait donc à la somme de 1,539,440 fr.

En opérant avec ce nouveau fonds de roulement, comme on l'a fait avec le premier dans l'exercice précédent, et en s'appuyant sur les cours de l'exercice 1861 à 1862 *(voir le tableau E)*, on obtiendra les résultats qui suivent.

Le cours de la graine étant de 38 fr. les 0/0 kil. en août, on aura :

Août 1861.	472,628 kil. d'huile épurée, à 120 fr. les 0/0 kil., ci	567,153f 60
	850,730 kil. de tourteaux, à 14 fr. les 0/0 kil., ci	119,102 20
	12,761 kil. de fèces, à 15 fr. les 100 kil., ci	1,914 15
Septembre 1861.	472,628 kil. d'huile épurée, à 120 fr. les 0/0 kil., ci	567,153 60
	850,730 kil. de tourteaux, à 14 fr. les 0/0 kil., ci	119,102 20
	12,761 kil. de fèces, à 15 fr. les 0/0 kil., ci	1,914 15
	A reporter	1,376,339f 90

	Report..........	1,376,339f 90
Octobre 1861.	472,628 kil. d'huile épurée, à 118 fr. les 0/0 kil., ci..............	557,701 04
	850,730 kil. de tourteaux, à 14 fr. les 0/0 kil., ci..............	119,102 20
	12,761 kil. de fèces, à 15 fr. les 0/0 kil., ci..............	1,914 15
	Montant des produits du premier achat de graines..............................	2,055,057 29
	A déduire 1 1/2 p. 0/0 pour frais de commission et d'escompte..............................	30,825 86
	RESTE pour la rentrée du premier achat (fin d'octobre)..............................	2,024,231f 43

Le cours de la graine étant de 40 fr. les 0/0 kil. en octobre, on aura :

Décembre 1861.	449,003 kil. d'huile épurée, à 119 fr, les 0/0 kil., ci..............	534,313f 57
	808,205 kil. de tourteaux, à 14 fr. les 0/0 kil., ci..............	113,148 70
	12,123 kil. de fèces, à 15 fr. les 0/0 kil., ci..............	1,818 45
Janvier 1862.	449,003 kil. d'huile épurée, à 118 fr. les 0/0 kil., ci..............	529,823 54
	808,205 kil. de tourteaux, à 14 fr. les 0/0 kil., ci..............	113,148 70
	12,123 kil. de fèces, à 15 fr. les 0/0 kil., ci..............	1,818 45
	A reporter..........	1,294,071f 41

	Report..........	1,294,071f 41
Février 1862.	449,003 kil. d'huile épurée, à 118 fr. les 0/0 kil., ci..............	529,823 54
	808,205 kil. de tourteaux, à 14 fr. les 0/0 kil., ci..............	113,148 70
	12,123 kil. de fèces, à 15 fr. les 0/0 kil., ci..............	1,818 45

Montant des produits du deuxième achat....	1,938,862 10
A déduire 1 1/2 p. 0/0 pour frais de commission et d'escompte..........................	29,082 93
Reste pour les rentrées du deuxième achat (fin février)..........................	1,909,779 17

RÉCAPITULATION.

Les rentrées fin d'octobre sont de..........	2,024,231f 43
A déduire : le fonds de roulement pour le deuxième achat..........................	1,539,440 »
Reste en caisse......	484,791 43
A ajouter : les rentrées (fin de février)......	1,909,779 17
Total..............	2,394,570 60
A déduire : les frais généraux............	229,068 75
Reste..............	2,165,501 85
A retrancher : le fonds de roulement.......	1,539,440 »
Reste comme bénéfice net.....	626,061f 85

Le bénéfice net, dans ce second exercice, se serait donc élevé à 31 fr. 30 p. 0/0 du capital social.

RÉPARTITION.

Montant à répartir..........................	626,061f 85

1° 5 p. 0/0 du capital social à répartir entre les actionnaires	100,000 »
2° 5 p. 0/0 du restant à partager pour indemnités d'encouragements	26,303 09
3° 10 p. 0/0 du restant pour fonds de réserve..	52,606 19
4° 85 p. 0/0 du restant pour dividendes proportionnels	447,152 57
TOTAL ÉGAL	626,061f 85

Les actionnaires auraient donc perçu, à la fin du deuxième exercice :

1° 5 p. 0/0 du montant des actions pour les intérêts du capital engagé;

2° 22,36 p. 0/0 du même montant comme dividende proportionnel.

Le fonds de roulement se serait en même temps accru :

1° Du fonds de réserve	52,606f »
2° De l'amortissement décennal du mobilier..	15,965 »
TOTAL	68,571f »

ROULEMENT SUR L'EXERCICE 1862-1863.

Le fonds de roulement, pour le troisième exercice, s'élèverait donc à la somme de 1,608,011 fr.

Avec ce troisième fonds de roulement, en suivant le même procédé et en s'appuyant sur les cours de l'exercice 1862-1863 *(voir le tableau E)*, on obtiendra les résultats qui suivent :

Le cours de la graine étant de 38 fr. les 100 kil. en août, on aura :

Août 1862.	493,688 kil. d'huile épurée, à 120 fr. les 0/0 kil., ci.	592,424f 60
	888,637 kil. de tourteaux, à 14 fr. 70 les 0/0 kil., ci.	130,629 64
	13,330 kil. de fèces, à 15 fr. les 0/0 kil., ci.	1,999 50
Septembre 1862.	493,688 kil. d'huile épurée, à 125 fr. les 0/0 kil., ci.	617,110 »
	888,637 kil. de tourteaux, à 14 fr. 70 les 0/0 kil., ci.	130,629 64
	13,330 kil. de fèces, à 15 fr. les 0/0 kil., ci.	1,999 50
Octobre 1862.	493,688 kil. d'huile épurée, à 128 fr. les 0/0 kil., ci.	631,920 64
	888,637 kil. de tourteaux, à 14 fr. 70 les 0/0 kil., ci.	130,629 64
	13,330 kil. de fèces, à 15 fr. les 0/0 kil., ci.	1,999 50
	Montant des produits du premier achat de graines	2,239,342f 66
	A déduire 1 1/2 p. 0/0 pour frais de commission et d'escompte.	33,590 14
	Reste pour les rentrées du premier achat (fin d'octobre).	2,205,752f 52

Le cours de la graine étant de 44 fr. les 100 kil. en octobre, on aura :

Décembre 1862.	426,366 kil. d'huile épurée, à 138 fr. les 0/0 kil., ci.	588,385 08
	767,459 kil. de tourteaux, à 14 fr. 70 les 0/0 kil., ci.	112,816 47
	11,511 kil. de fèces, à 15 fr. les 0/0 kil., ci.	1,726 65
	A reporter.	702,928f 20

	Report..........	702,928f 20
Janvier 1863.	426,366 kil. d'huile épurée, à 137 fr. les 0/0 kil., ci..............	584,121 42
	767,459 kil. de tourteaux, à 14 fr. 70 les 0/0 kil., ci..............	112,816 47
	11,511 kil. de fèces, à 15 fr. les 0/0 kil., ci..............	1,726 65
Février 1863.	426,366 kil. d'huile épurée, à 140 fr. les 0/0 kil., ci..............	596,912 40
	767,459 kil. de tourteaux, à 14 fr. 70 les 0/0 kil., ci..............	112,816 47
	11,511 kil. de fèces, à 15 fr. les 0/0 kil., ci..............	1,726 65

Montant des produits du deuxième achat de graines..................................	2,113,048f 26
A déduire 1 1/2 p. 0/0 pour frais de commission et d'escompte..............................	31,695 72
Reste pour les rentrées du deuxième achat (fin de février)............................	2,081,352f 54

RÉCAPITULATION.

Les rentrées (fin d'octobre) sont de..........	2,205,752f 52
A déduire : le fonds de roulement pour le deuxième achat..............................	1,608,011 »
Reste en caisse..........	597,741 52
A ajouter : les rentrées (fin février)..........	2,081,352 54
Total..............	2,679,094 06
A déduire : les frais généraux..............	229,068 75
Reste..............	2,450,025 31
A retrancher : le fonds de roulement..........	1,608,011 »
Reste comme bénéfice net.....	842,014f 31

Le bénéfice dans le 3e exercice se serait donc élevé à 42 fr. 10 p. 0/0 du fonds social.

RÉPARTITION.

Montant à répartir	842,014f 31
1° 5 p. 0/0 du fonds social à répartir entre les actionnaires	100,000 »
2° 5 p. 0/0 du restant à partager pour indemnités d'encouragement	37,100 73
3° 10 p. 0/0 du restant pour fonds de réserve	74,201 43
4° 85 p. 0/0 du restant pour dividendes proportionnels	630,712 15
TOTAL ÉGAL	842,014f 31

Les actionnaires auraient donc perçu à la fin du troisième exercice :

1° 5 p. 0/0 du montant des actions pour les intérêts du capital engagé;

2° 31.53 p. 0/0 du même montant comme dividende proportionnel.

Le fonds de roulement se serait en même temps accru de nouveau :

1° Du fonds de réserve	74,201f
2° De l'amortissement décennal du mobilier	15,965
TOTAL	90,166f

De sorte que pendant trois années de fabrication, le fonds de roulement se serait élevé de 1,484,000 à la somme de 1,698,177 fr., et se serait par conséquent accru de 214,177 fr.

En réunissant les bonifications de ces trois exercices successifs, il résulte de l'exposé qui précède, et dans lequel nous avons tenu à faire assister le lecteur à tous les détails de la marche des opérations, que les actionnaires auraient perçu en trois ans, en sus des intérêts à 5 p. 0/0 de leurs actions, 70 p. 0/0 de dividendes, et que, de plus, le fonds de roulement se serait accru dans le même temps de plus du dixième du fonds social.

On peut donc conclure de là qu'en moins de six ans les actionnaires peuvent rentrer dans leur capital par les dividendes, et rester ainsi gratuitement propriétaires du fonds social augmenté de plus du cinquième de sa valeur primitive.

INFÉRIORITÉ DES PETITS ÉTABLISSEMENTS.

Afin de se rendre compte de ses opérations, M. Herpe avait soin de faire des analyses mensuelles, à l'aide desquelles nous avons déterminé les rendements, et nous avons trouvé qu'en manœuvrant avec un fonds de roulement de 100,000 fr. dans son usine, on obtenait un bénéfice net de 15 p. 0/0 du capital engagé, les frais d'établissement et le fonds de roulement compris; tandis que si l'on manœuvrait avec le fonds de roulement, maximum de 400,000 fr., le bénéfice net s'élèverait à 19 p. 0/0 du capital.

Cette infériorité palpable des petits établissements, par rapport aux usines d'un grand développement, tiennent à deux causes:

1° Les frais d'établissement ne croissent pas proportionnellement à l'augmentation du rendement; en effet,

Dans l'établissement actuel, avec un fonds de roulement de 400,000 fr., on peut réaliser 700,000 kilogr.

d'huile, et le mobilier de l'établissement a coûté 87,000 fr.;

Tandis que dans l'établissement projeté, avec un fonds de roulement de 1,484,000 fr., on peut, comme on l'a vu plus haut, réaliser 2,581,740 kilogr. d'huile, et le tableau C fait voir que l'on obtient ce résultat avec un mobilier de 167,021 fr.; de sorte que, pour quadrupler le rendement, il suffit de doubler la valeur du mobilier.

2° Il en est de même des frais généraux; car, dans l'établissement actuel, les frais généraux s'élèvent moyennement à 12.7 p. 0/0 de la valeur des produits;

Tandis que l'on peut déduire de ce qui précède que, pour une valeur de produits égale à un minimum de 3,691,815 fr., qui représente la valeur des produits du premier exercice, les frais généraux ne sont que de 229,068 fr. 75, c'est-à-dire 6 fr. 20 p. 0/0 de la valeur des produits; de sorte qu'ici encore, pour quadrupler le rendement, il suffit de doubler les frais généraux.

Ces rapprochements prouvent de quel intérêt il est pour l'industrie de doter les usines à huile de tout le développement qu'on est en mesure de leur donner, et cette observation nous fournit une nouvelle occasion de signaler toute l'importance de l'acquisition du moulin du Comte, puisque indépendamment de la facilité des communications et du bienfait d'un moteur hydraulique qui réduira notablement les consommations de combustibles, cet immeuble, par son étendue, nous permettra de donner à l'établissement des proportions convenables sans en exagérer les frais.

Il est juste d'observer que, dans les calculs auxquels

nous venons de nous livrer, pour déterminer le rendement de l'usine projetée, nous avons opéré de manière à mettre les résultats à l'abri de toute exagération. Ainsi, quand il s'agissait d'acheter de la graine de colza, nous avons eu soin de choisir dans le tableau E le plus élevé des cours contemporains, et quand il s'agissait de vendre les produits, ce sont les cours les plus bas que nous avons adoptés. Nous n'avons d'ailleurs rien omis de ce qui était de nature à charger les dépenses, tandis que les recettes ont été plutôt affaiblies.

Les renseignements consignés dans le tableau E, et qui ont servi à établir le rendement vraiment concluant auquel nous sommes arrivés, n'ont pas été préparés pour la cause, ce sont les cours de la localité pendant les trois derniers exercices, et rien n'est plus facile que d'en constater la fidélité. D'ailleurs, ces trois exercices réunis présentent une moyenne très-modeste, et qui permet de considérer les résultats obtenus comme l'expression de la réalité.

HUILE DE LIN. On a vu que la fabrication de l'huile de colza était close fin février, ou plutôt dans le courant du mois de mars, ce qui réduit l'opération à sept ou huit mois d'activité. Le colza étant terminé, rien n'empêche d'utiliser trois des quatre derniers mois de l'année à la fabrication de l'huile de lin, qui donne lieu d'ailleurs aux mêmes bénéfices que l'huile de colza pour le fabricant; car si, d'un côté, la graine de lin ne fournit que 22 à 28 p. 0/0, au lieu de 35 p. 0/0 que donne le colza, de l'autre, le tourteau de lin se vend 24 à 27 fr. les 100 kilogr., au lieu de 14 fr.

Les graines de lin que l'on emploierait viennent des Indes orientales et donnent une huile qui a la propriété de se prêter à des mélanges qui la font rechercher avec instance. Le projet de l'Huilerie Bretonne a déjà retenti jusque dans ces contrées; de telle sorte que les offres de service sont arrivées de Bombay à l'adresse de M. Herpe. Ces propositions spontanées font connaître qu'il serait aisé de faire coïncider les arrivages avec l'époque où l'usine est disponible pour cette fabrication. Il est permis, sans entrer dans les détails, d'annoncer ici que ces trois mois de fabrication d'huile de lin auraient pour effet d'augmenter d'un tiers au moins le bénéfice réalisé par la fabrication de l'huile de colza; ainsi, le premier exercice, au lieu de donner 24 p. 0/0 du fonds social, aurait produit 32 p. 0/0 du même capital.

Le dernier mois serait réservé pour mettre l'usine en état, pendant que le gérant de la fabrication s'occuperait des achats de colza pour l'approvisionnement de l'année suivante.

GÉRANCE.

On trouvera sans doute une nouvelle garantie de succès dans le soin que nous prenons de partager les devoirs de la gérance entre deux capacités différentes. Dans les compagnies formées pour l'exploitation d'une industrie qui comporte une fabrication quelconque, il est prudent de faire la part des opérations techniques et des soins administratifs; aussi avons-nous résolu de confier tout ce qui touche à l'art de l'huilier, achats de graines et manipulation, à M. Herpe, jeune industriel, plein d'activité, qui tient dans la main tous les mystères de la profession, honoré d'une médaille d'or au concours régional de 1863, et auquel quatre années de travaux ont valu le bienfait d'une clientèle nombreuse et dévouée sur toute l'étendue de la contrée à servir, clientèle qui deviendra le premier apanage de la Société de l'Huilerie Bretonne.

Quant à l'administration, elle sera confiée à l'auteur de ce rapport, ancien lieutenant-colonel d'artillerie, qu'une longue carrière dans les établissements publics a familiarisé avec les fonctions où la responsabilité est en jeu.

Cette combinaison d'une vieille expérience, tempérant l'ardente activité d'un jeune travailleur, aussi intelligent qu'habile, doit être à considérer, dans l'espèce, comme une sécurité de plus pour les intérêts de la Compagnie et l'emploi judicieux de ses capitaux.

RÉSUMÉ DE LA QUESTION COMMERCIALE.

De toutes les conditions commerciales qui précèdent, on peut donc conclure que l'avenir de l'Huilerie Bretonne est assuré :

1° Par la situation de l'usine au foyer de la culture des matières premières et au centre de la consommation des produits, position exceptionnelle qui met l'établissement à l'abri des concurrences éloignées, en leur imposant une infériorité relative évaluée à 8.65 p. 0/0 du montant des marchandises;

2° Par une préférence naturelle de la clientèle pour des produits locaux, en ce que ce rapprochement facilite les transactions et assure la qualité;

3° Par la puissance d'un capital suffisant et disponible, qui permette d'opérer les achats au moment opportun;

4° Par la certitude d'un large débouché, puisque l'établissement jouira, sans rivalité, des commandes d'une contrée de plus de 3,000 lieues carrées, dont la métropole, à elle seule, consomme annuellement pour un million et demi d'huile de colza;

5° Par l'acquisition d'une propriété industrielle, merveilleusement disposée, par sa chute d'eau, par son étendue et par sa position, et à proximité des voies ferrées, de canaux navigables et de routes de premier ordre, pour donner à une grande huilerie toutes les facilités possibles de succès;

6° Par la supériorité incontestable, en matière d'huilerie, des grands établissements sur les petits, puisqu'il est démontré qu'il suffit de doubler le mobilier et les frais généraux pour quadrupler le rendement;

7° Par la quotité des bénéfices qui ne s'abaisseront jamais au-dessous de 24 p. 0/0 du fonds social, et qui, dans une gestion conduite avec soin, suivant des errements faciles, tels que ceux que nous avons indiqués, assurent aux actionnaires, en sus des intérêts à 5 p. 0/0 du capital, des dividendes qui ne seront jamais inférieurs à 16 p. 0/0;

8° Par l'adjonction à la fabrication de l'huile de colza de celle de l'huile de lin, ce qui permettra de remplir utilement un chômage de trois mois que nous imposerait la première de ces deux fabrications, et qui, en même temps, augmentera d'un tiers au moins les bénéfices.

9° Enfin, par une heureuse répartition des offices de

la gérance entre deux capacités dont le concours est une garantie de bonne gestion.

QUESTION INDUSTRIELLE. Il s'agit actuellement de réunir, aux meilleures conditions et en vue d'une fabrication irréprochable, les agents matériels destinés à produire pour près de quatre millions de produits par année.

La confection de l'huile de colza repose sur quatre opérations différentes :

1° Choix et achat de la graine;

2° Conservation de la graine;

3° Extraction de l'huile;

4° Epuration de l'huile.

CHOIX ET ACHAT DE LA GRAINE. Le choix et l'achat de la graine constituent l'une des opérations les plus délicates du service de l'usine. Il s'agit, dans cette acquisition, de plusieurs questions de la plus haute importance en vue du rendement; question d'espèce, car, comme toutes les plantes, le colza présente des variétés plus ou moins riches en produits; question de maturité, car, selon l'état plus ou moins avancé de la graine, le rendement peut perdre de 1 à 7 pour 100; question de culture, car il y a aussi une différence notable dans les quantités d'huile provenant de graines bien cultivées et bien récoltées, comparativement à d'autres d'une culture négligée; question bien plus grave encore, relative aux soins dont la graine aurait été l'objet après la récolte; c'est précisément dans les deux ou trois mois qui suivent la remise des graines en magasin qu'elles doivent être remuées avec activité, si l'on ne veut pas s'exposer à les voir s'échauffer et à perdre une partie plus ou moins considérable de leurs principes oléagineux. Il est donc indispensable que la direction de la fabrication soit confiée à un praticien habile, dont les opérations soient libres et indépendantes. M. Herpe possède, à cet égard, une pratique sûre; il connaît surtout le bassin de Dol à fond, et ses relations depuis plusieurs années avec tous les cultivateurs de graines oléagineuses du pays ont mis ceux-ci à même, par ses indications, d'adopter les meilleures variétés, et assurent à l'usine un choix et des achats avantageux.

On comprendra ici la différence qui doit exister, à cet égard, entre les établissements lointains qui reçoivent les graines par l'entremise du courtage et l'usine locale qui ne les admet que d'une main habile et intéressée.

CONSERVATION DE LA GRAINE.

La conservation de la graine exige des greniers vastes et aérés, d'un accès facile, afin de pouvoir remuer le tas à la pelle d'autant plus fréquemment que la graine est plus jeune. Or, toutes les opérations ultérieures de la fabrication s'exécutant au rez-de-chaussée, tous les étages de l'édifice seront exclusivement consacrés à serrer l'approvisionnement.

La production annuelle d'huile pouvait s'élever à 26,000 quintaux, et le rendement de la graine en huile étant de 35 pour 100, la consommation de la graine par année pourra s'élever à 7,428,571 kilogr., et comme l'hectolitre pèse 70 kilogr., la consommation annuelle de graines présentera un volume de 10,612 mètres cubes.

Les planchers reçoivent généralement leur chargement sur une épaisseur de 50 centimètres, de sorte que l'approvisionnement en question occuperait 21,224 mètres superficiels; mais le roulement des opérations a démontré que l'on s'organiserait de manière à n'avoir à loger à la fois qu'une quantité de graines comprise entre le tiers et le quart de l'approvisionnement; il s'ensuit qu'il suffira de 6 à 7,000 mètres superficiels de planchers.

L'édifice se compose d'un principal corps de bâtiment de 120 mètres de longueur sur 12 mètres de largeur, racheté par deux ailes de 80 mètres sur 15 mètres de largeur chacune. La partie centrale du principal corps, de 35 mètres de longueur, présente quatre étages de planchers; le reste de l'édifice n'en présente que deux, et cela procure 6,800 mètres superficiels de greniers; ce qui est largement suffisant, avec une administration bien conduite, pour recueillir sans encombrement les colzas qui seront l'objet des livraisons successives.

EXTRACTION DE L'HUILE. L'extraction de l'huile se réduit à neuf opérations successives, savoir :

1° Nettoyer la graine à l'aide d'un appareil à brosses, dans lequel elle est agitée et brossée;

2° Concasser la graine entre deux cylindres en fonte en forme de laminoir, pour la préparer à l'action des meules qui devient plus efficace;

3° Broyer la graine ainsi concassée sur le manège de deux meules verticales, appelées meules de froissage, qui achèvent de la réduire en farine;

4° Chauffer la farine sur la plaque d'un fourneau à vapeur où elle est soumise à un agitateur mécanique;

5° Soumettre la farine, ainsi chauffée et recueillie dans des sachets en laine, emprisonnée dans un portefeuille en crin, garni de cuir appelé étrindelle, à une première pression d'une presse hydraulique appelée presse de froissage, qui fournit un premier tribut d'huile;

6° Briser la galette, ou tourteau qui résulte de cette opération, dans un concasseur appelé concasseur de rebas;

7° Broyer de nouveau le tourteau, brisé sur le manège de deux autres meules appelées meules de rebas;

8° Chauffer de nouveau la farine qui en provient sur un fourneau à vapeur;

9° Enfin, la soumettre à une seconde pression de la même manière que la première, sous l'action d'une nouvelle presse hydraulique, plus puissante que l'autre, et qui reçoit le nom de presse de rebas.

COMPOSITION DE L'ATELIER.

D'après les consommations arrêtées ci-dessus, il faut broyer par journée environ 36,000 kilogr. de graines, qui donneront 22,680 kilogr. de tourteaux de rebas; et comme le tourteau de rebas pèse 1 kilogr. 800, ce sera donc 12,600 tourteaux par jour qu'il s'agira de produire; or, une presse de rebas reçoit 12 tourteaux à chaque passe, et elle fait une passe en 16 minutes, ce qui donne journellement 1,080 tourteaux de rebas; il faut donc douze presses de rebas pour produire les 12,600 tourteaux que la fabrication projetée exige.

Ce nombre de douze presses de rebas est la base de l'installation; car il faut une presse de froissage pour trois presses de rebas; une paire de meule pour quatre presses de rebas, et une paire de meule pour deux presses de froissage; d'ailleurs, deux concasseurs de graines par meule de froissage et un concasseur de tourteaux par meule de rebas. Deux nettoyages puissants suffiront à ce débit.

L'atelier comporterait donc :

Deux nettoyages,
Quatre concasseurs de froissage,
Deux meules de froissage,
Deux réchauffeurs de froissage,
Quatre presses de froissage,
Trois concasseurs de rebas,
Trois meules de rebas,
Trois réchauffeurs de rebas,
Douze presses de rebas.
Huit injecteurs doubles pour les seize presses.

MOTEURS. L'expérience des praticiens a fait connaître que huit à dix chevaux de force suffisent à deux presses de rebas, accompagnées de leurs accessoires. En sextuplant cette puissance dynamique, on aura donc ce qui est nécessaire à l'usine projetée. Il faudra donc assurer un moteur de quarante-huit à soixante chevaux. Le moteur hydraulique d'une part et à son défaut, pendant la période des grandes eaux, deux machines à vapeur de la force nominale de trente-cinq chevaux dynamiques chacune, placeront l'usine dans la situation la plus rassurante, en ce que l'on n'aura jamais à craindre les chômages du fait des moteurs.

ÉPURATION DES HUILES. L'épuration consiste à recueillir l'huile provenant des presses dans des cuves étanchées; à l'y brasser avec un dosage donné d'acide sulfurique et d'eau, et à laisser déposer pendant huit jours. Il faut donc des cuves pour la production de huit jours, et pour plus de sécurité, y ajouter des rechanges pour deux jours; cinq cuves, de 1m50 de diamètre, sur 1m60 de hauteur, auront une capacité totale de 13m cubes 80, qui est la production journalière d'huile; cinquante cuves semblables satisferont largement aux besoins de l'épuration, et pourvoiront aux éventualités des radoubs. Mais l'épuration ne se termine pas là : l'huile, décantée des cuves, est transvasée sur des filtres doubles en tôle, qui effectuent leur opération en vingt-quatre heures; quatre filtres de 3 mètres cubes 650 chacun suffiront à la fabrication de vingt-quatre heures et un filtre de rechange, pour que le renouvellement des garnitures n'interrompe pas le travail, compléteront cette partie de l'usine.

Enfin, l'huile sortant des filtres est recueillie dans des caves imperméables en ciment hydrofuge, d'où elle est transvasée dans des barriques, suivant les commandes. Ces caves, qui sont creusées à fleur du sol et recouvertes d'une voûte en brique, sont au nombre de quinze; elles ont 45 mètres cubes de capacité chacune, et peuvent contenir ensemble entre le tiers et le quart de la consommation annuelle, ce qui permet d'attendre le moment opportun pour en effectuer avantageusement le placement.

Les cuves, les filtres et les caves seront disposés de manière à favoriser les mouvements sans fausses manœuvres dans un vaste local de 80 mètres de longueur sur 13 mètres de largeur dans œuvre, ce qui représente une superficie de 845 mètres carrés.

Les mouvements des liquides seront favorisés par une tuyauterie bien étudiée.

MAGASIN DE TOURTEAUX

Les tourteaux pouvant être expédiés aussitôt qu'ils se produisent, et étant d'ailleurs l'objet d'une demande instante de la part de l'Artois et de la Flandre, on s'est contenté, pour les recueillir et y préparer les expéditions, d'un local de 300 mètres superficiels, à proximité de la fabrique. D'ailleurs, comme on le voit dans le tableau C, où l'on a tenu compte de petits camions de chemins de fer, les mouvements seront facilités par des lignes de rails qui permettront de dégager la fabrique de tout encombrement.

TONNELLERIE Quant à la tonnellerie, on a dû lui conserver un vaste magasin de plus de 600 mètres superficiels. D'ailleurs, l'expérience a prouvé que les huiles se fabricant au moment même de la plus grande consommation, s'écoulent avec facilité au fur et à mesure de leur production ; et les caves dont nous avons parlé plus haut rendent les celliers à l'huile complétement inutiles.

AUTRES LOCAUX On a conservé près de la roue hydraulique une chambre convenable pour y établir les moteurs à vapeur qui doivent concourir avec la chute d'eau au travail exigé par l'usine.

D'autres petits locaux répondent à des besoins de détail dont il serait oiseux de s'occuper ici.

CONSTRUCTION. L'édifice que nous avons indiqué est à l'aise, dans un grand terrain carré de 120 mètres de côté. Les constructions neuves seront élevées dans les conditions de l'économie la plus scrupuleuse, sans compromettre la solidité que comporte leur destination, par les soins des deux directeurs, qui possèdent la spécialité des constructions industrielles.

Il en sera de même de l'habitation dont le travail non interrompu impose la nécessité, et l'on ne manquera pas de doter l'usine de tous les perfectionnements spéciaux acquis aujourd'hui à l'industrie, de manière à en faire une usine modèle, au point de vue du rendement et de la qualité des produits, aux moindres frais possibles.

Toutes les mesures sont prises pour que l'établissement fonctionne le 1er août 1864, de telle sorte que les actionnaires n'éprouvent aucun retard dans la répartition des intérêts et des dividendes proportionnels.

Les hommes compétents de la localité ont été frappés de l'opportunité pour le pays d'une pareille entreprise; aussi le Conseil municipal, la Chambre de commerce, le Cercle du commerce, la Société d'agriculture, n'ont pas hésité à appuyer de leurs sympathies la réalisation de ce projet, comme devant assurer l'avenir industriel du pays, en ce qu'il servira d'exemple pour tout ce qu'il sera possible d'entreprendre ultérieurement, afin de placer cette intéressante contrée à la hauteur de toutes les régions les plus avancées de l'Empire. Les attestations honorables de ces compagnies sont jointes aux pièces justificatives de ce rapport.

S'il suffit qu'une entreprise offre des chances de réussite pour que l'appel de fonds soit écouté, on nous accordera la justice de penser qu'il est difficile de présenter à l'appréciation des actionnaires une affaire qui repose sur des bases plus sages, mieux étudiées et surtout plus sincères que celles qui nous ont servi à établir le projet que nous soumettons à l'examen des hommes compétents.

Nous offrons en effet la position exceptionnelle d'une fabrication qui aura sous la main les matières premières et un débouché indéfini, une clientèle toute faite et des correspondants sûrs, un magnifique établissement entouré de la manière la plus heureuse par les voies de communication de toute nature, canaux, chemins de fer, routes impériales, et enfin une direction éclairée par une longue expérience de la fabrication, et surtout par une connaissance approfondie des ressources locales et par des relations qui assurent le succès d'une entreprise qui repose sur des données qui ne laissent rien à l'imprévu, et dont les résultats avantageux sont la conséquence obligée de faits observés avec la plus religieuse attention.

Paris, le 14 décembre 1863.

J. COTARD.

PIÈCES JUSTIFICATIVES.

Tableau A.

HUILERIE BRETONNE

A RENNES (DÉPARTEMENT D'ILLE-ET-VILAINE).

SOCIÉTÉ

HERPE, COTARD & CIE,

Au capital social de DEUX MILLIONS,

Divisé en 4,000 Actions de 500 francs.

Tableau indiquant les départements exploités, la population, l'étendue et les centres commerciaux des correspondants de l'établissement :

DÉPARTEMENTS.	HABITANTS.	HECTARES.
Ille-et-Vilaine	380,898	672,249
Côtes-du-Nord	621,575	744,075
Finistère	606,752	693,384
Morbihan	473,932	695,761
Loire-Inférieure	555,996	706,285
Maine-et-Loire	524,387	718,807
Sarthe	467,193	620,592
Mayenne	373,841	513,841
Manche	595,202	577,382
TOTAUX	4,599,776	5,942,376

LIEUX DE CORRESPONDANCES :

Rennes.
Hédé.
Tinténiac.
Combourg.
Dol.
Cancale.
St-Malo.
St-Servan.
Dinan.
Plélan.
Jugon.
Lamballe.
Moncontour.
St-Brieuc.
Guingamp.
Pontrieux.
Paimpol.
Tréguier.
Lannion
Morlaix.
St-Pol-de-Léon.
Lesneven.
Landerneau.
Brest.
Châteaulin.
Douarnenez.
Pont-Labbé.
Quimper.
Quimperlé.
Lorient.
Hennebon.
Auray.
Vannes.
Malestroit.
Guer.
Ploërmel.
Josselin.
Locminé.
Bau.
Napoléonville.
Guémené.
Le Faouet.
Gourin.
Carhaix.
Rostrenen.
Mur.
Loudéac.
Rohan.
Lachèze.
La Trinité.
Merdrignac.
Saint-Méen.
Montauban.
Montfort.
Rennes.
St-Aubin-d'Aubigné.
Antrain.
Pontorson.
Pleine-Fougères.
Avranches.
Granville.
Coutances.
Valogne.
Cherbourg.
Saint-Lô.
Villedieu.
Condé-sur-Noireau.
Flers.
Tinchebray.
Sourdeval.
Mortain.
Domfront.
S-Hilaire-Harcouet.
Fougères.
Mayenne.
Laval.
Evron.
Sillé-le-Guillaume.
Le Mans.
La Flèche.
Château-Gontier.
Sablé.
Pouancé.
Ségré.
Le Lion-d'Angers.
Beaugé.
Saumur.
Angers.
Anceny.
Nantes.
Savenay.
Paimbœuf.
Saint-Nazaire.
Guérande.
Roche-Bernard.
Redon.
Châteaubriant.
La Guerche.
Bain.
Janzé.
Châteaugiron.
Vitré.
Châteaubourg.
Rennes.

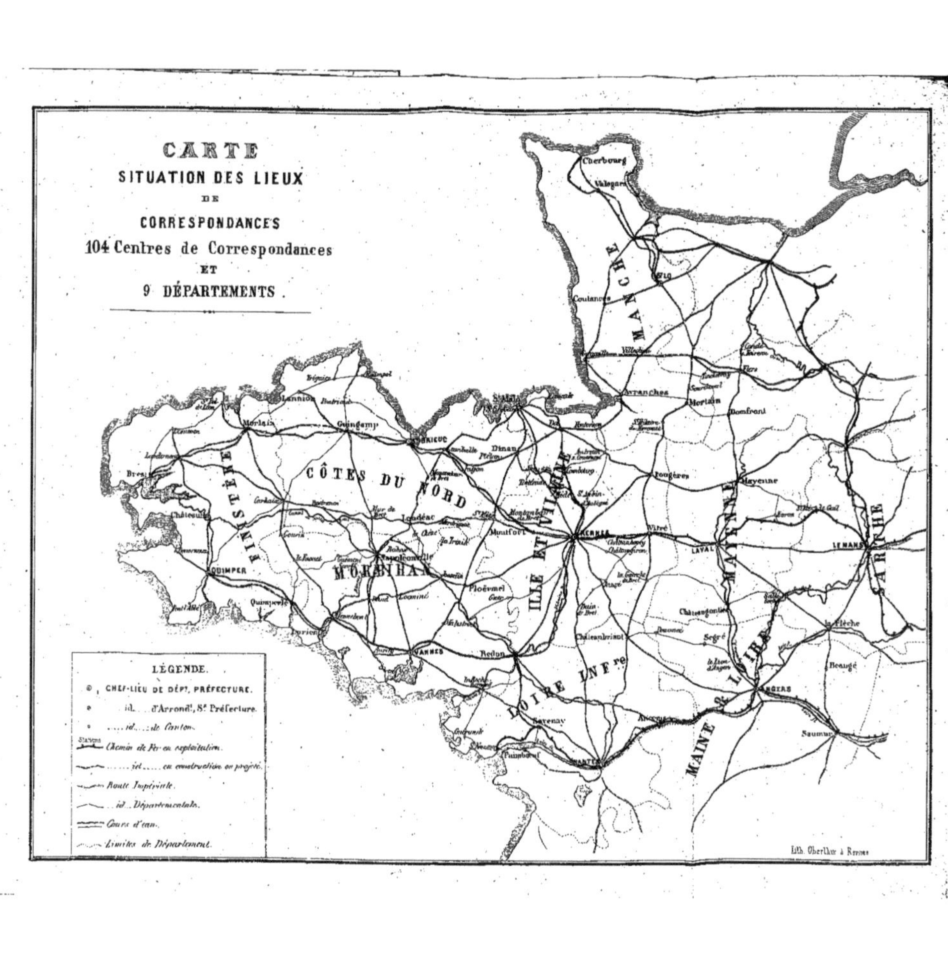
CARTE
SITUATION DES LIEUX
DE
CORRESPONDANCES
104 Centres de Correspondances
ET
9 DÉPARTEMENTS.
MANCHE
CÔTES DU NORD
FINISTÈRE
MORBIHAN
ILLE ET VILAINE
LOIRE INFre
MAYENNE
SARTHE
MAINE ET LOIRE
Cherbourg
Valognes
Coutances
Avranches
Mortain
Domfront
Lannion
Morlaix
Guingamp
St Brieuc
Dinan
Brest
Landerneau
Châteaulin
QUIMPER
Quimperlé
Pont l'Abbé
Loudéac
Montfort
RENNES
Vitré
Fougères
Mayenne
LAVAL
LE MANS
Ploërmel
VANNES
Redon
Lorient
Châteaubriant
Château-Gontier
Segré
La Flèche
Baugé
ANGERS
Saumur
Ancenis
Savenay
NANTES
LÉGENDE.
CHEF-LIEU DE DÉPT, PRÉFECTURE.
id. d'Arrondt, Se Préfecture.
id. de Canton.
Stations
Chemin de Fer en exploitation.
id. en construction ou projeté.
Route Impériale.
id. Départementale.
Cours d'eau.
Limites de Département.
Lith. Oberthur à Rennes

Tableau B.

Achat et constructions d'immeubles, terrains et chûte d'eau.

Achat de terrains, constructions, chûte d'eau de l'ancien moulin du Comte (frais compris).......			70,000f »
	CONSTRUCTIONS NEUVES.		
Rez-de-chaussée.	2,048 mètres superficiels de maçonneries en moellons de 0m60 d'épaisseur, à 9 fr. 60 le mètre superficiel...........		19,660 80
Etage et grenier.	2,560 mètres superficiels de maçonneries en moellons de 0m50 d'épaisseur, à 8 fr. le mètre superficiel............		20,480 »
Prix du mètre carré de plancher, charpente comprise.	0.03375 de mètre cube de poutre, à 150 fr. le mètre cube..........	5f 06	
	0,0903 de mètre cube de solives, à 90 fr. le mètre cube..........	8 12	
	1.000 de mètre carré de plancher de 0m035 d'épaisseur, à 7 fr. l'un.	7 »	
	TOTAL........	20f 18	
Plancher.	6,696 mètres superficiels de plancher, charpente comprise, à raison de 20 fr. 18 le mètre superficiel................		135,113 20
Couverture.	4,815 mètres superficiels de couverture, y compris la charpente des combles, à 15 fr. le mètre....................		72,225 »
	A reporter.........		247,479f »

	Report.........	247,479f »
Cheminée.	1 cheminée d'appel et fourneaux pour 2 machines à vapeur....	8,000 »
Caves.	15 caves en ciment et briques, à 500 fr. l'une..............	7,500 »
MONTANT TOTAL des constructions neuves.....		262,979f »

Tableau C.

Mobilier.

2	Machine à vapeur de la force de 35 chevaux...	70,000f
5	Paires de meules montées, à 1,800 fr. l'une..	9,000
4	Presses de froissage, à 2,000 fr. l'une........	8,000
12	Presses de rebas, à 2,000 fr. l'une..........	24,000
8	Injecteurs à deux pompes, à 1,200 fr. l'un....	9,600
4	Concasseurs de froissage, à 260 fr. l'un......	1,040
3	Concasseurs de rebas, à 100 fr. l'un.........	300
2	Nettoyages pour la graine, à 600 fr. l'un.....	1,200
5	Réchauffeurs à vapeur, à 500 fr. l'un........	2,500
5	Filtres d'épuration en tôle, à 1,000 fr. l'un...	5,000
50	Cuves d'épuration en bois, à 130 fr. l'une.....	6,500
1	Pompe à eau avec sa transmission...........	500
1	Pompe à huile brute avec sa transmission.....	300
1	Pompe à huile épurée avec sa transmission...	300
3	Tire-sacs et transmission..................	2,000
1	Forge outillée...........................	400
1	Menuiserie outillée.......................	400
5	Camions pour rails, à 300 fr. l'un..........	1,500
	A reporter.........	142,540f

	Report	142,540f
10	Brouettes à sacs, à 16 fr. l'une	160
30	Pelles en tôle, à 2 fr. l'une	60
30	Balais prismatiques, à 2 fr. l'un	60
3	Brouettes ordinaires, à 10 fr. l'une	30
3	Bascules pour 500 kil., à 80 fr. l'une	240
3	Bascules pour 1,000 kil., à 120 fr. l'une	360
1	Bascule pour 2,000 kil	180
1	Cloche	100
2000	Sacs en toile, à 1 fr. 60 l'un	3,200
3	Ameublements de bureau	2,000
4	Réverbères, à 75 fr. l'un	300
7	Lampes Bordier, à 15 fr. l'une	105
1	Horloge sonnant les quarts	1,500
5	Chevaux, à 640 fr. l'un	3,200
5	Harnais, à 104 fr. l'un	520
4	Camions, à 1,200 fr. l'un	4,800
1	Voiture	1,500
1	Pompe à incendie et accessoires	2,000
40	Etrindelles de froissage, à 26 fr. l'une	1,040
144	Etrindelles de rebas, à 15 fr. l'une	2,160
552	Malfils en laine ou sachets, à 1 fr. 75 l'un	966
	MONTANT TOTAL du Mobilier	167,021f

Tableau D.

Main-d'œuvre annuelle.

2 Mécaniciens, à 1,200 fr. par an	2,400 fr.	»» c.
1 Chef d'épuration, à 1,000 fr. par an	1,000	»»
A reporter	3,400	»»

Report		3,400 fr.	»» c
2 Hommes d'épuration, à 2 fr. par jour ou 720 fr. par an		1,440	»»
1 Chef d'équipe, à 1,000 fr. par an		1,000	»»
ÉQUIPE DES GRENIERS :			
30 Hommes, du 1er août au 1er octobre, pendant 61 jours	1,830 jours		
20 Hommes, du 1er octobre au 15 novembre, pendant 46 jours	920		
10 Hommes, du 15 novembre au 1er janvier, pendant 46 jours	460		
5 Hommes, du 1er janvier au 1er mars, pendant 59 jours	295		
3 Hommes, du 1er mars au 1er août, pendant 153 jours	459		
TOTAL des journées d'équipe	3,964 jours		
Soit 3,964 journées d'équipe, à 1 fr. 50 l'une		5,946	»»
FABRICATION AUX PRESSES :			
5 Hommes des meules, à 0 fr. 20 par heure		8,760	»»
3 Hommes des réchauffeurs, à 0 f. 20 par heure		5,256	»»
32 Hommes des presses, à raison de 2 fr. 70 par jour		31,536	»»
2 Chauffeurs, à 900 fr. par an		1,800	»»
1 Concierge, à 400 par an		400	»»
2 Tonneliers, à 3 fr. par jour		2,190	»»
5 Camionneurs, à 2 fr. 50 par jour		4,562	50
5 Chevaux, à 2 fr. par jour		3,650	»»
Entretien des sacs en laine et des sacs en toile		520	»»
Amortissement des étrindelles de rebas et de froissage		800	»»
Amortissement des malfils en laine		966	»»
Amortissement des sacs en toile		640	»»
MONTANT TOTAL de la main-d'œuvre annuelle		72,866 fr.	50 c.

Tableau E.

Cours de la graine de Colza, de l'Huile, du Tourteau et des Fèces, de 1861 à 1863.

Années.	Mois.	Graine.	Huile.	Tourteau.	Fèces.
		1860 à 1861.			
1860.	Août......	39f à 40f »	122f à 124f	13f 40	15f »
—	Septembre.	40 40 50	125 126	» »	» »
—	Octobre....	41f	123 124	» »	» »
—	Novembre..	41 42f »	123 125	» »	» »
—	Décembre..	42 43 »	120 121	» »	» »
1861.	Janvier....	42f	120 121	» »	» »
—	Février....	41	118 119	» »	» »
—	Mars......	40	122 123	» »	» »
—	Avril......	40	118 120	» »	» »
		1861 à 1862.			
1861.	Août......	37f à 38f	120f à 121f	14f »	15f »
—	Septembre..	39 40	120 121	» »	» »
—	Octobre....	40f	118 119	» »	» »
—	Novembre..	40f à 41f	120 121	» »	» »
—	Décembre..	40f	119 120	» »	» »
1862.	Janvier....	41f à 42f	118 120	» »	» »
—	Février....	41f 50	118 120	» »	» »
—	Mars......	40f	122 125	» »	» »
—	Avril......	40	124 125	» »	» »
		1862 à 1863.			
1862.	Août......	36f à 38f	120f à 122f	14f 70	15f »
—	Septembre..	40 42 »	125f	» »	» »
—	Octobre....	43 44 »	128f à 132f	» »	» »
—	Novembre..	45 45 50	132 135	» »	» »
—	Décembre..	45 45 50	138 139	» »	» »
1863.	Janvier....	46 47 »	137 138	» »	» »
—	Février....	47 48 »	140 142	» »	» »
—	Mars......	48 50 »	143 146	» »	» »
—	Avril......	49 51 »	142 144	» »	» »

CHAMBRE DE COMMERCE
de la
CIRCONSCRIPTION
DE RENNES.

Rennes, le 30 novembre 1863.

MONSIEUR,

J'ai soumis à la Chambre, dans sa séance du 23 novembre 1863, la question sur laquelle vous désirez avoir son avis de la création à Rennes d'une huilerie.

Je m'empresse de vous adresser un extrait de sa délibération.

Agréez, Monsieur, l'assurance de ma considération très-distinguée.

Le Président,

A. LETAROUILLY.

CHAMBRE DE COMMERCE
de la
CIRCONSCRIPTION
DE RENNES.

EXTRAIT DU REGISTRE DES DÉLIBÉRATIONS.

Séance du 23 novembre 1863.

La Chambre est priée de dire si elle pense qu'on puisse établir à Rennes une huilerie dans de bonnes conditions.

Elle ne peut que répondre qu'une usine convenablement établie et sur des bases qui ne fussent pas hors de proportion avec la production du pays, peut incontestablement rendre service à l'agriculture en utilisant les graines du pays et en rendant à l'agriculture des tourteaux.

Elle pense également que l'usine aurait elle-même des chances de réussite.

La Chambre, qui voit avec plaisir le développement de l'industrie dans sa circonscription, désire donc très-sincèrement le succès de cette entreprise.

Copie de la présente délibération sera en conséquence transmise à qui de droit par Monsieur le Président.

Pour extrait conforme :

Le Président,

A. LETAROUILLY.

CERCLE DU COMMERCE
DE
RENNES
(Ille-et-Vilaine).

Rennes, le 17 décembre 1863.

MONSIEUR,

J'ai reçu la lettre que vous m'avez fait l'honneur de m'écrire, en date du 8 courant.

Conformément aux désirs que vous y exprimez, je me suis empressé d'appeler l'attention de la Commission administrative du Cercle, dont je suis Président, sur la considération que vous invoquez à l'appui de la création, à Rennes, d'une grande huilerie.

Veuillez agréer, Monsieur, l'assurance de ma considération la plus distinguée.

Le Président du Cercle du Commerce,

E. BARRABÉ.

CERCLE DU COMMERCE
DE
RENNES
(Ille-et-Vilaine).

DÉLIBÉRATION DE LA COMMISSION

Du 9 décembre 1863.

A l'unanimité, la Commission considère la réussite de l'entreprise comme un bien pour le pays, puisque en le dotant d'un établissement industriel imposant, elle l'affranchit en même temps d'un tribut qu'il a payé jusqu'ici à ses voisins.

Le Cercle fait donc les vœux les plus sincères pour la réussite de ce grand et utile projet.

Pour la Commission :

Le Président,

E. BARRABÉ.

EXTRAIT DU JOURNAL D'AGRICULTURE PRATIQUE,

NUMÉRO DU 20 DÉCEMBRE 1863.

M. le colonel Cotard a annoncé qu'il s'était associé à un industriel qui, déjà depuis quelques années, a créé à Rennes une fabrique d'huile à la vapeur, afin de fonder un établissement qui réponde à l'importance que cette industrie doit acquérir dans le département. La Société a entendu avec beaucoup d'intérêt les communications que lui a présentées, à cet égard, M. le colonel Cotard.

La création à Rennes d'une grande usine pour la fabrication de l'huile de colza répondra à l'importance qu'a déjà acquise la production de cette graine dans le département, d'autant plus que trois autres usines seulement existeraient, paraît-il, depuis Le Mans jusqu'à Brest, et ne produiraient pas pour plus de 600,000 fr. d'huile, alors qu'à Rennes et sa banlieue seulement la consommation de cette huile s'élèverait à 1,500,000 fr., d'après les recettes de l'octroi de cette ville. Consommateurs et producteurs ont donc tout intérêt à ce que cette fabrication se développe au milieu de nous. Le département bénéficiera, dans la vente de sa graine, dans l'achat de son huile, des frais de transport, que ni l'une ni l'autre n'auront plus à supporter; et l'on sait combien, dans la campagne elle-même, s'accroît la consommation de l'huile pour l'éclairage, depuis que la guerre d'Amérique nous prive des arrivages de la résine.

Notre agriculture, se réglant sur de bons exemples, bénéficiera de plus en plus d'une culture très-productive, et retrouvera dans l'emploi même des tourteaux, qui pourront lui être livrés en abondance, une précieuse ressource pour ses engrais et aussi pour la nourriture de son bétail.

Le Secrétaire,

P. Hardouin.

Rennes, typ. Oberthur. — Mon à Paris, rue des Blancs-Manteaux, 35.

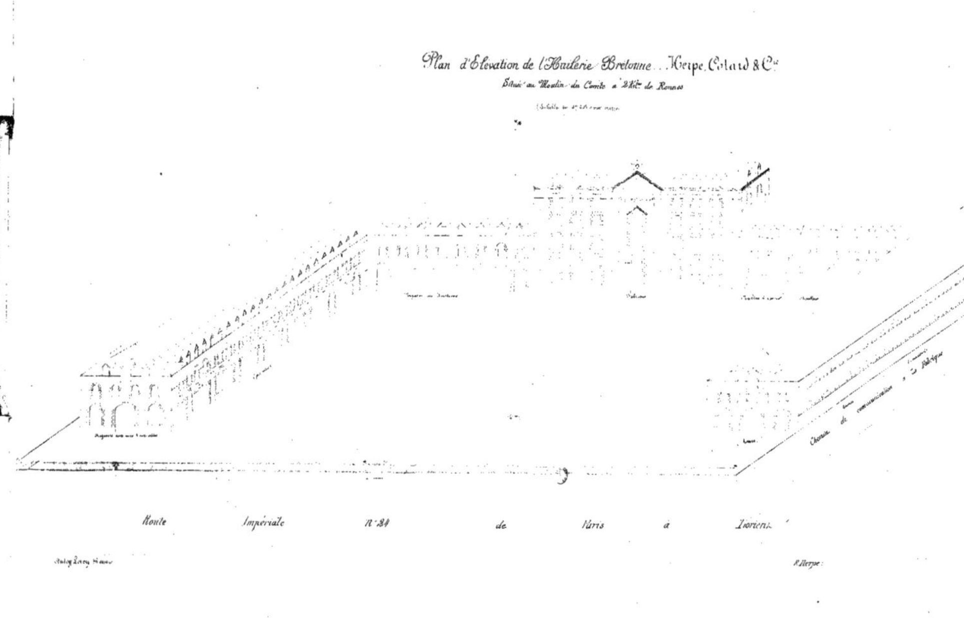
Plan d'Élévation de l'Huilerie Bretonne . . Herpe, Colard & Cie
Situé au Moulin du Comte à 2 Kil. de Rennes
Chemin de communication
Route Impériale N° 24 de Paris à Lorient

www.ingramcontent.com/pod-product-compliance
Ingram Content Group UK Ltd.
Pitfield, Milton Keynes, MK11 3LW, UK
UKHW022135260726
13993UKWH00003B/1453

9 782019 953294